**Artistes** l numéro 66

# WILLIAM HOGARTH,

## LE SHAKESPEARE DE LA PEINTURE

—— Vers la création d'un art national anglais

par Delphine Gervais de Lafond

50MINUTES

# WILLIAM HOGARTH

- **Naissance ?** Né le 10 novembre 1697 à Londres.
- **Mort ?** Décédé le 26 octobre 1764 dans la même ville.
- **Contexte ?** La naissance d'une peinture nationale en Angleterre dans la première moitié du XVIIIe siècle.
- **Œuvres majeures ?**
  - *Les Enfants Graham* (1742)
  - *Mariage-à-la-mode* (1743)
  - *David Garrick dans le rôle de Richard III* (1745)
  - *La Porte de Calais* (1748)
  - *Beer Street* et *Gin Lane* (1751)

Peintre, graveur, théoricien et moraliste, William Hogarth est le plus populaire des artistes britanniques de la première moitié du XVIIIe siècle. Fervent défenseur de la vérité, il dénonce avec humour les dérives de son siècle. S'il est surtout connu pour ses peintures moralisatrices et ses estampes satiriques au ton grinçant et à la ligne énergique, il s'essaye également à de nombreux autres genres (portraits aristocratiques, tableaux de cour, peinture théâtrale ou d'histoire, etc.), toujours avec la même intensité.

Aussi son ambition est-elle à la mesure de son immense talent. Souhaitant mettre un terme à la domination étrangère sur les arts, William Hogarth se donne pour principale mission d'offrir à son pays une véritable identité artistique. Il fonde alors une école qui ouvre la voie à la plus prestigieuse des institutions artistiques anglaises, la Royal Academy of Arts, s'investit personnellement dans l'encadrement du métier d'artiste et œuvre sans relâche pour la reconnaissance de genres (portrait, paysage, scène de genre) et de disciplines (gravure) jusque-là considérés comme mineurs.

De Sir Joshua Reynolds (1723-1792) à David Hockney (né en 1937), en passant par James Gillray (1756-1815), William Blake (1757-1827), William Turner (1775-1851), John Constable (1776-1837) ou encore John Everett Millais (1829-1896), toutes les générations de peintres anglais sont redevables de celui que l'on considère comme le père de la peinture anglaise.

# CONTEXTE

## L'ANGLETERRE AU XVIIIᵉ SIÈCLE

Au début du XVIIIᵉ siècle, l'Angleterre est la première puissance économique, politique et maritime mondiale, notamment grâce à la Glorieuse Révolution (1688-1689), qui a établi une monarchie constitutionnelle et initié une période de grande prospérité. Plusieurs avancées techniques voient le jour dans les domaines industriel et agricole, et des réformes économiques, sociales et juridiques s'amorcent. Londres connaît une croissance sans précédent et une véritable explosion démographique – on compte près de 750 000 habitants *intra-muros* à la mort d'Hogarth en 1764 – qui n'est pas sans conséquence. Capitale européenne du commerce et de la finance, la ville doit sa prospérité en partie à l'émergence d'une nouvelle classe sociale constituée de riches commerçants, la bourgeoisie, et à son alliance avec la noblesse. Mais cette rapide ascension s'accompagne de problèmes politiques (conflits à l'étranger, rébellion nationale, corruption, etc.) et sociaux (surpopulation, pauvreté, insalubrité, prostitution, criminalité, alcoolisme, etc.) qui gangrènent le pays de l'intérieur.

Du point de vue culturel, l'Angleterre connaît également son heure de gloire, avec la fondation de prestigieuses institutions artistiques, l'instauration de la liberté de la presse, et la popularisation du théâtre et de l'opéra qui inaugure l'ère des icônes dramatiques (David Garrick, Sarah Siddons, etc.). La littérature est illustrée par de grands penseurs, écrivains et poètes, tels que Henry Fielding (1707-1754), Samuel Johnson (1709-1784) et Horace Walpole (1717-1797). Quant à la peinture britannique, longtemps dominée par des artistes d'origine étrangère, elle voit naître le premier peintre anglais de renommée internationale, William Hogarth.

## LE STATUT DE L'ARTISTE AVANT LA ROYAL ACADEMY OF ARTS

Avant la création de la Royal Academy of Arts par Sir Joshua Reynolds en 1768, les conditions d'exercice du métier d'artiste ne sont pas clairement définies, bien que quelques tentatives voient le jour afin d'encadrer la profession. Il existe par exemple des écoles de dessin (les académies de Sir Godfrey Kneller's, de Sir James Thornhill, de John Vanderbank, etc.), créées sur le modèle français de l'Académie royale de peinture et de sculpture. En 1735, l'académie fondée par William Hogarth à St Martin's Lane, l'ancêtre de la Royal Academy, est la première à rivaliser réellement avec sa concurrente française. D'autres suivent l'exemple de cette ambitieuse entreprise (la Society of Arts et la Society of Artists of Great Britain, notamment) dans le but de fournir un soutien financier ainsi qu'un enseignement de qualité aux artistes. Ces sociétés artistiques sont composées de riches gentlemen dont la plupart ont effectué le Grand Tour sur le continent.

Mais, malgré ces évolutions, l'artiste reste toujours fortement tributaire de ses commanditaires, principalement issus de l'aristocratie et de la bourgeoise montante. La concurrence est rude et la reconnaissance difficile. Pour tirer son épingle du jeu, il vaut mieux être sous la protection d'un riche mécène.

# LE MODÈLE FRANÇAIS DANS LES ARTS

Aux XVIIe et XVIIIe siècles, la France exerce une autorité absolue sur les arts en Europe. Littérature, théâtre, beaux-arts, chaque discipline célèbre l'idéal français. Le théâtre anglais suit les règles classiques des pièces de Pierre Corneille (1606-1684) et de Jean Racine (1639-1699). En architecture, en peinture et dans les arts décoratifs, la mode est au style rococo.

Fondée à Paris en 1648, l'Académie royale de peinture et de sculpture, la plus ancienne académie consacrée aux arts, est la référence en matière d'enseignement artistique. Son exposition annuelle, le Salon, constitue un rendez-vous incontournable de la vie culturelle. Les valeurs enseignées par l'Académie prônent l'étude des maîtres anciens, en particulier de la statuaire gréco-romaine et de la Renaissance italienne, ainsi que le respect de la hiérarchie des genres, la peinture d'histoire, allégorique ou religieuse occupant la première place devant le portrait, la scène de genre, le paysage et, enfin, la nature morte.

Mais, au XVIIIe siècle, on voit émerger la notion de patriotisme, et la recherche d'une identité nationale devient une priorité pour les pays voisins, l'Angleterre et l'Allemagne en particulier. L'élite intellectuelle anglaise entend désormais se détacher de l'emprise du modèle français en se revendiquant de son propre patrimoine national. Grande fierté du théâtre anglais, le dramaturge élisabéthain William Shakespeare (1564-1616) devient le symbole de cette génération en quête d'identité et William Hogarth se fait le génial inventeur d'une peinture nationale.

# BIOGRAPHIE

## LE GRAVEUR ÉMÉRITE

William Hogarth naît le 10 novembre 1697 à l'Est de Londres, dans le quartier populaire de Bartholomew Close, près de Smithfield. Pendant son enfance, son père, Richard Hogarth, un instituteur et écrivain médiocre, est incarcéré pour dettes pendant cinq ans à la suite de la fermeture de son *coffee shop*, un lieu d'échanges littéraires où l'on parlait latin. Cette terrible épreuve marque durablement le jeune garçon, qui grandit dans un environnement modeste, avec l'impitoyable spectacle de la rue pour principale distraction.

En 1714, présentant des aptitudes précoces pour le dessin, William Hogarth entre en apprentissage auprès d'un graveur sur argent, Ellis Gamble, qui lui enseigne les bases du métier. Pour une raison inconnue, probablement en relation avec la mort de son père en 1718, le jeune artiste brise son contrat d'apprenti pour s'installer à son compte en 1720. Il continue cependant à entretenir des relations cordiales avec son maître, pour qui il réalise encore quelques travaux. Parallèlement à son activité de graveur, il entre à l'Académie Vanderbank avant de suivre l'enseignement d'un peintre de cour très réputé, Sir James Thornhill (1675-1734), dont il épousera la fille quelques années plus tard. Hogarth apprend à peindre d'après des modèles vivants et copie des œuvres hollandaises du XVII<sup>e</sup> siècle.

De 1723 à 1730, il réalise des cartes de visite à usage publicitaire, ainsi que plusieurs dessins et gravures pour diverses publications. En 1726, son illustration du poème comique *Hudibras* (1663-1678) de Samuel Butler (1612-1680), très populaire à l'époque, lui permet d'obtenir quelques commandes. L'artiste se distingue alors peu à peu dans une spécialité qui fera bientôt sa notoriété, l'estampe satirique contemporaine. Par un trait vif et mordant, il immortalise des thèmes d'actualité comme le krach boursier de 1720.

## LE PEINTRE SULFUREUX

Ce n'est qu'en 1728 qu'il commence véritablement à peindre. Il compose des *conversations pieces* ou « scènes de conversation » – qui consistent en des portraits de groupe à caractère anecdotique représentant les modèles dans leur intimité et dans un cadre domestique –, dont certaines sont des portraits de famille (*Woodes Rogers et sa famille*, 1729 ; *La Famille Cholmondely*, 1732 ; *La Famille Strode*, 1738, etc.). William Hogarth réalise également de rares, mais néanmoins très remarqués, tableaux mettant en scène des sujets théâtraux (*L'Opéra du Gueux*, 1728 ; *David Garrick dans le rôle de Richard III*, 1745), et représente des thèmes contemporains (*Les Fidèles endormis*, 1728 ; *Les Quatre heures du jour*, 1736). S'il s'essaie à la peinture d'histoire (*Satan, le péché et la mort*, 1740), il ne parvient toutefois pas à se forger une réputation dans ce genre réputé si difficile. Enfin, en 1735-1736, il réalise aussi quelques grandes compositions murales à sujet biblique pour l'escalier du Bartholomew's Hospital dans lesquelles on perçoit l'influence de Thornhill.

C'est grâce la parution de plusieurs séries peintes aux thèmes sulfureux et moralisateurs (*La Carrière d'une prostituée*, série de six peintures réalisées en 1731-1732 ; *La Carrière d'un libertin*, série de huit peintures réalisées en 1732-1733 ; *Mariage-à-la-mode*, série de six peintures réalisées entre 1743 et 1745) que l'artiste accède véritablement à la notoriété, dès les années 1730. Celles-ci révolutionnent l'art par leur critique acerbe de la société londonienne. Fort de leur succès, Hogarth en tire plusieurs gravures pour satisfaire l'attente du public.

# L'ARTISTE ENGAGÉ

Révolutionnaire dans son approche de l'art, William Hogarth est aussi un artiste engagé dans la vie culturelle et politique de son pays. À la mort de son beau-père en 1734, il reprend la direction de son académie et crée son propre établissement à St Martin's Lane. Cette nouvelle école se différencie des précédentes par son aspect démocratique : elle abolit le principe hiérarchique et donne à tous ses membres une position égale. Elle devient ainsi l'un des centres névralgiques de l'activité culturelle londonienne où se réunissent de nombreux artistes désireux de créer une peinture anglaise. En 1760, l'académie de St Martin's Lane organisera pour la première fois en Angleterre une exposition publique annuelle sur le modèle de l'Académie royale de peinture et de sculpture en France.

En 1734, excédé par les marchands peu scrupuleux qui copient et revendent pour une bouchée de pain ses gravures sans son accord, l'artiste milite auprès des autorités afin que soit mise en place une mesure destinée à protéger les œuvres originales. Il signe, aux côtés d'autres artistes, l'Engravers'Copyright Act, aussi appelé Hogarth Act, l'ancêtre du droit de reproduction actuel. Validée par le Parlement en 1735, cette loi est cruciale à plus d'un titre. Non seulement elle protège le graveur des copies frauduleuses de ses œuvres, mais elle permet aussi de le reconnaître non plus comme un simple artisan mais comme un artiste à part entière.

Sur le plan artistique, bien que William Hogarth jouisse d'une solide réputation de graveur, son activité de peintre n'est pas vraiment reconnue. Peinant à trouver des financements auprès de l'État, il se tourne vers les hôpitaux pour obtenir des parrainages. En 1739, il participe à l'ouverture du Foundling Hospital (l'Hôpital des enfants perdus), dans lequel il s'investit pleinement aux côtés de sa femme. L'établissement devient une vitrine de son talent, mais également un foyer de promotion de l'art anglais. Dans les couloirs, Hogarth expose de jeunes peintres qui deviendront les plus célèbres de leur génération, notamment Sir Joshua Reynolds et Thomas Gainsborough (1727-1788).

## L'HOMME BLESSÉ

En 1749, Hogarth se retire dans sa villa à Chiswick pour travailler à son traité esthétique, *The Analysis of Beauty* (*L'Analyse de la beauté*), qui est publié en 1753. En dépit de quelques détracteurs qui dénigrent son autorité en matière de peinture, le texte est plutôt bien reçu par la critique, sans pour autant avoir l'impact que l'artiste ambitionnait. Avant-gardiste, cette première tentative de théoriser l'art en Angleterre précède la grande entreprise du successeur d'Hogarth, Sir Joshua Reynolds.

Les vingt dernières années de la vie du peintre sont jalonnées par ses prises de position politique et ses revendications patriotiques. En 1754-1755, il revient à la satire politique avec un cycle peint consacré à la corruption électorale (*L'Élection*), en référence à la campagne d'Oxfordshire qui secoue Londres cette année-là. En 1762, il s'attire l'animosité des Londoniens avec sa gravure intitulée *The Times*, dans laquelle il critique ouvertement le Gouvernement et son implication dans la guerre de Sept Ans (1756-1763), un conflit colonial opposant l'Angleterre à la France.

À la fin de sa vie, Hogarth obtient la prestigieuse charge de *Serjeant Painter* du jeune roi George III (1738-1820), à l'instar de son beau-père, Sir James Thornhill, plusieurs décennies auparavant. Malgré cet honneur, malade et blessé par les violentes critiques émises à son égard, il vit péniblement les dernières années de son existence. Il est en proie à une profonde mélancolie teintée d'amertume, particulièrement visible dans sa dernière gravure, *La Désillusion* (1764), une œuvre sombre et pessimiste. L'artiste décède d'un anévrisme la nuit du 25 au 26 octobre 1764 à Londres, dans sa maison de Leicester Square.

### LE *SERJEANT PAINTER*

Le titre de *Serjeant Painter*, qui confère une position honorable au sein de la bonne société britannique, existe depuis le XVIᵉ siècle et restera en usage jusqu'à la fin du XVIIIᵉ siècle. Il s'agit d'une fonction équivalente à celle de peintre de cour ou de surintendant des œuvres de Sa Majesté en France. Entre autre tâches, le *Serjeant Painter* a la responsabilité des portraits officiels, de la décoration des appartements et des résidences royales, ainsi que de toutes les décorations durables ou éphémères liées au protocole (bannières diverses, décoration intérieure des navires et des wagons, décors des fêtes et des réceptions, etc.).

# CARACTÉRISTIQUES

## LE PÈRE DE L'ART ANGLAIS

Au début du XVIIIe siècle, il n'existe pas vraiment de peinture anglaise à proprement parler. Les peintres reconnus en Grande-Bretagne sont principalement d'origine hollandaise (Anton Van Dyck, 1599-1641) ou allemande (Hans Holbein le Jeune, 1497/1498-1543), et le spectre de la France plane plus que jamais sur l'ensemble de l'Europe. Hogarth joue un rôle fondamental dans la définition de l'identité britannique qui se développe dans la première moitié du siècle. Son engagement dans la vie culturelle londonienne et ses choix artistiques concourent toujours à préserver le statut des artistes locaux.

En 1733, apprenant que les directeurs de l'hôpital St Bartholomew à Smithfield, le quartier de son enfance, souhaitent faire appel à un artiste italien pour décorer la nouvelle aile de l'établissement, il leur offre ses services gratuitement, bien décidé à leur montrer qu'un artiste anglais est tout autant capable de réaliser un grand ouvrage de peinture historique. Hogarth peint pour l'occasion deux fresques murales religieuses, très éloignées de ses thèmes habituels, *La Piscine de Béthesda* (1735-1736) et *Le Bon Samaritain* (1736-1737).

Revendiquant fièrement son anglophilie, Hogarth signe ses textes « *The britophil* » et ses tableaux d'une locution latine parodiant les signatures des maîtres italiens de la Renaissance : « W. Hogarth Anglus Pinxit » (« W. Hogarth l'Anglais l'a peint »). La publication de *L'Analyse de la beauté* contribue par ailleurs à installer les convictions de l'artiste en matière d'esthétique. Subversif, l'ouvrage est une véritable ode baroque anticlassique dirigée contre les conventions académiques et l'invasion artistique étrangère. Hogarth y exprime ses idées sur la beauté – qui naît selon lui de la variété – et y prône la suprématie de la ligne serpentine, « la ligne de beauté et de grâce », la seule à pouvoir rendre le mouvement.

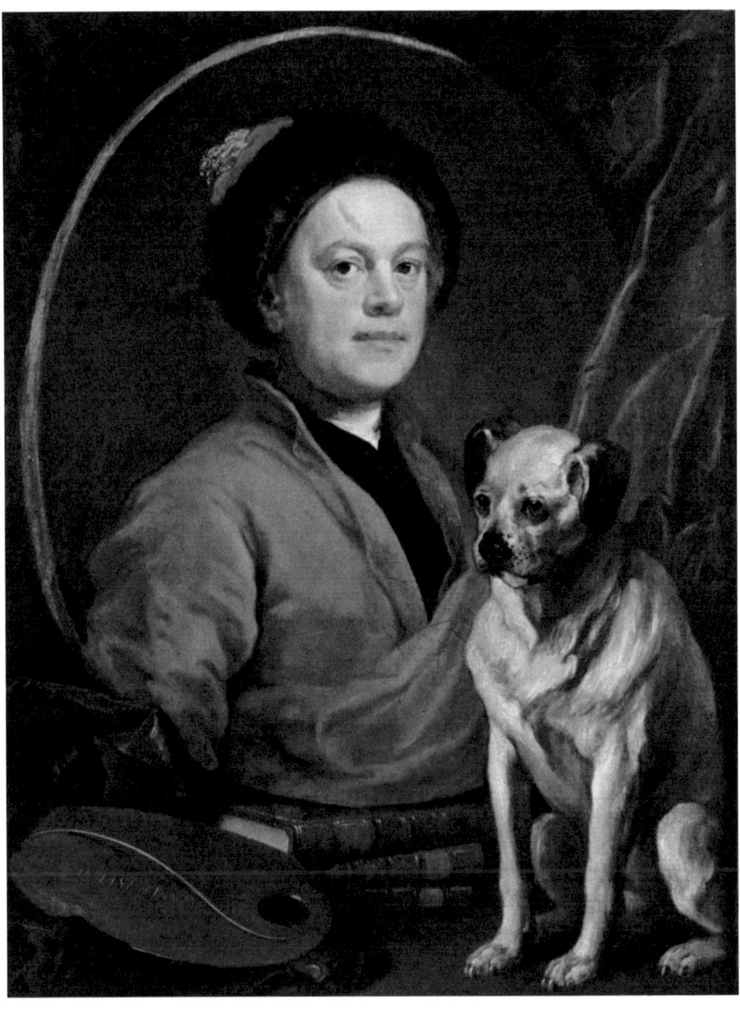

Hogarth (William), *Le Peintre et son chien*, 1745, huile sur toile, 90 x 69,9 cm, Londres, Tate Gallery.

Son autoportrait *Le Peintre et son chien*, réalisé en 1745, constitue le parfait résumé de ses principes esthétiques. Hogarth se représente dans un cadre ovale, aux côtés des attributs traditionnels du peintre, reposant au-dessus d'une pile de livres dont deux d'auteurs anglais, Shakespeare et John Milton (1608-1674), et un de son ami, le satiriste irlandais Jonathan Swift (1667-1745). Sa palette est gravée d'un S accompagné d'une inscription : « ligne de beauté et de grâce ». Avec ce manifeste pictural célébrant la ligne serpentine, Hogarth se proclame comme le père de l'art anglais, digne successeur de Shakespeare et de Milton, à l'origine d'un art social et moralisateur dans la lignée de Swift.

## UN ARTISTE FRANCOPHOBE

Toute sa vie, William Hogarth multiplie les attaques envers l'art étranger à travers des œuvres au ton grinçant parodiant les scènes galantes françaises (*Avant et Après*, 1730) ou ridiculisant la mode des mascarades et des opéras italiens (*Le Mauvais Goût de la ville*, 1724). Il rejette le diktat de l'art académique, refuse d'effectuer le Grand Tour, se détourne de l'art classique italien. Mais ses plus féroces critiques sont sans aucun doute dirigées contre la France. Il faut dire que ses œuvres satiriques anti-françaises (*Départ de la garde pour Finchley*, 1750 ; *La Porte de Calais*, 1751 ; *Invasion*, 1756) s'inscrivent dans un contexte marqué par une forte francophobie. En effet, le ressentiment des Anglais envers les Français s'est accentué au lendemain de la Glorieuse Révolution et des révoltes jacobites.

Mais, paradoxalement, en dépit de sa xénophobie, Hogarth est fortement influencé par la tradition hollandaise et l'école française. Ainsi, ses *conversation pieces* mélangent scènes de genre populaires flamandes et scènes galantes à la française. Ces dernières, connues sous le nom de « tableaux de mode », se caractérisent par des sujets légers célébrant l'amour galant dans la lignée des peintres rococo Antoine Watteau (1684-1721), François Boucher (1703-1770) et Jean-Honoré Fragonard (1732-1806) : on y voit de jeunes aristocrates ou bourgeois représentés en pleine oisiveté dans un cadre privé en train de converser ou de se divertir. Jean-François de Troy (1679-1752) en est le principal représentant.

Enfin, ce n'est certainement pas un hasard si l'un des buts que poursuit l'artiste est la création d'une école de peinture qui rivaliserait d'excellence avec l'Académie royale de peinture et de sculpture.



## « LE MONDE ENTIER EST UN THÉÂTRE »

Jamais la maxime accrochée sur le fronton du Globe, le théâtre de William Shakespeare, n'a eu de si grande résonance que dans l'œuvre de William Hogarth. Le Shakespeare de la peinture, comme se plaisent à le nommer ses contemporains, se revendique lui-même de l'héritage du dramaturge élisabéthain : « Je m'efforce de traiter mon sujet comme le ferait un écrivain dramatique : mon tableau est une scène, et les hommes et les femmes, mes acteurs, qui, au moyen d'actions et de gestes, nous livrent un spectacle muet. » (HOGARTH (William), *Anecdotes of William Hogarth Written by Himself*, Londres, J.B.Nichols and son, 1833, p. 10)

Observateur attentif de la nature humaine, Hogarth est le peintre de tous les visages de Londres, témoin des changements du paysage urbain et des dérives engendrées par son industrialisation (*Industrie et Paresse*, 1747 ; *Les Quatre Étapes de la cruauté*, 1751). C'est avec l'humour pour seule arme qu'il entend dénoncer les failles d'un système corrompu et inégalitaire (*Les Mers du Sud*, 1721 ; *Gin Lane*, 1751 ; *La Campagne électorale*, 1754-1755). Au lieu de promouvoir la futilité d'une élite qui voue un véritable culte au paraître, Hogarth traîne dans les mauvais quartiers de Londres, là où aucun artiste n'ose s'aventurer. Il offre ainsi un tableau réaliste de son temps dans des compositions désordonnées à la Bruegel (vers 1525-1569). Sans aucun tabou, il n'hésite pas à traiter de sujets délicats (*La Carrière d'une prostituée*, *La Carrière d'un libertin*, *Mariage-à-la-mode*) et à se servir de la culture populaire pour tourner en ridicule certains faits de société (*Les Mystères de la Franc-maçonnerie*, 1724 ; *La Royauté, l'Épiscopat et la Loi*, 1724-1725 ; *Le Châtiment infligé à Gulliver*, 1726). En montrant ainsi une cartographie générale de sa ville, de ses différents quartiers et de ses diverses couches sociales, de ses mérites et de ses vices, c'est le théâtre de la vie que William Hogarth nous donne à voir.

Mais au-delà de ses métaphores théâtrales, Hogarth est aussi le créateur d'un genre pictural inédit. Avec Francis Hayman (1708-1776), il est l'un des premiers à s'essayer à la peinture théâtrale, encore très peu développée au début du XVIIIe siècle. En 1729, avec une scène tirée de *L'Opéra des Gueux* de John Gay (1685-1732), il signe la toute première représentation picturale anglaise d'une pièce de théâtre. En 1733, son *Falstaff inspectant ses troupes*, dont le sujet est emprunté à *Henri IV* (1595-1600), est la première œuvre d'inspiration shakespearienne. Et, en 1745, l'ambitieux portrait qu'il réalise de l'acteur David Garrick (1717-1779) dans le rôle de Richard III inaugure un style qui deviendra très populaire dans la seconde moitié du siècle.

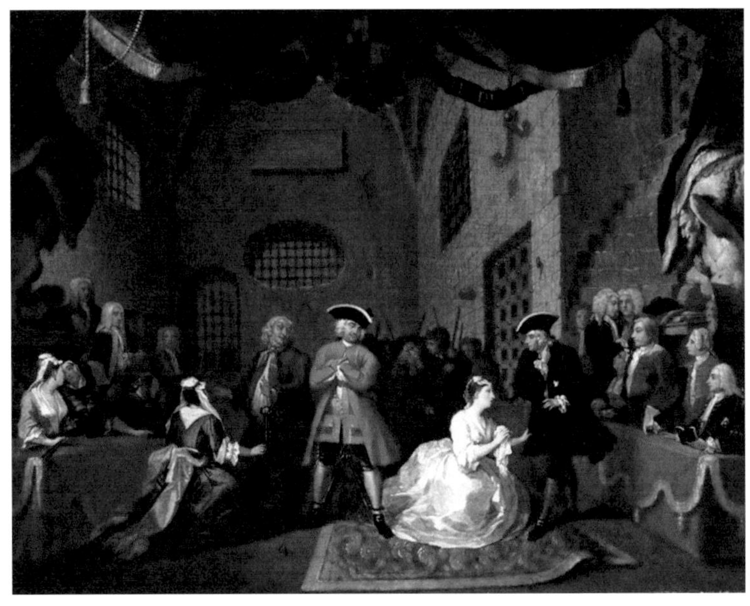

HOGARTH (William), *L'Opéra du Gueux*, 1729, huile sur toile, 56 x 72,5 cm, Londres, Tate Gallery.

## *LES ENFANTS GRAHAM*

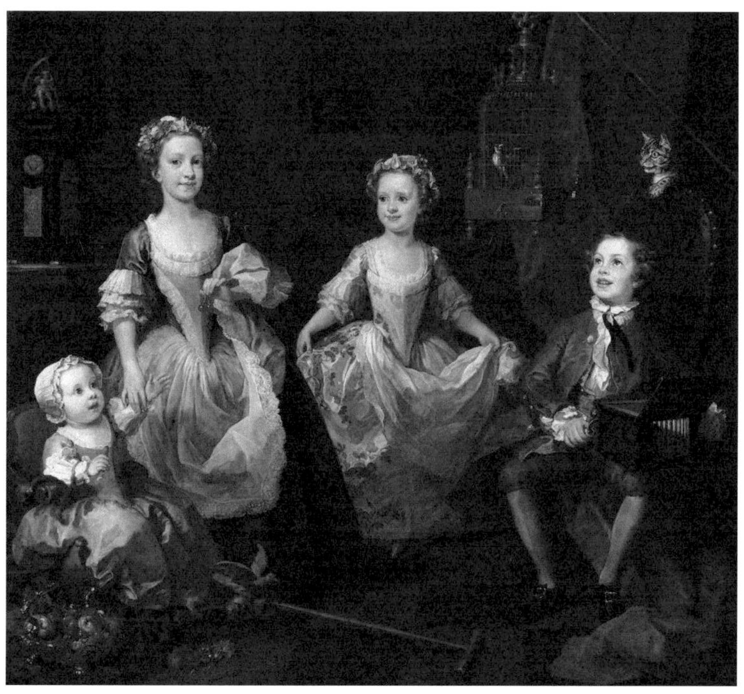

*Les Enfants Graham*, 1742, huile sur toile, 160,5 x 181 cm, Londres, The National Gallery.

Conservée à la National Gallery de Londres, cette toile de grandes dimensions est l'un des plus ambitieux portraits de groupe réalisés par William Hogarth. Ce bel exemple de *conversation pieces*, fort prisées par l'artiste au début de sa carrière, met en scène les enfants du célèbre apothicaire du roi George III, Daniel Graham (vers 1695-1788), dans un intérieur bourgeois.

Le format imposant, que l'on réserve généralement à la peinture d'histoire, est inhabituel pour un portrait d'enfants. Sur la droite, Richard, l'aîné des garçons, est représenté en train de jouer de l'orgue mécanique, accompagné par le chant d'un oiseau suspendu en cage au-dessus de lui. Vêtues en parfaites ladies, Henrietta et Anna Maria se tiennent dans une position noble et élégante, propre à leur condition. Thomas, le deuxième fils de Graham, est représenté en robe (comme l'impose la tradition à cette époque pour les garçons en bas âge) dans un fauteuil à roulettes accommodé en jouet, convoitant avec gourmandise les cerises tenues par sa sœur.

L'artiste s'est particulièrement appliqué à rendre l'insouciance du jeune âge de ces quatre enfants aux visages évangéliques, ainsi que le cadre raffiné qui constitue le décor de leur vie quotidienne. Mais sous l'apparente gaieté de la scène se cache un drame familial dont le spectateur ne peut se douter. Le dernier-né de la fratrie, tout juste âgé de deux ans, est mort avant l'achèvement de la toile. Quelques détails s'invitent cependant dans la composition pour suggérer le tragique événement : le chat qui convoite l'oiseau avec un instinct de prédateur et l'horloge de la cheminée ornée d'un cupidon tenant une faux sont deux symboles de mort. Pour le reste, Hogarth a délibérément choisi de maintenir sa composition initiale.

# MARIAGE-À-LA-MODE – LE CONTRAT DE MARIAGE

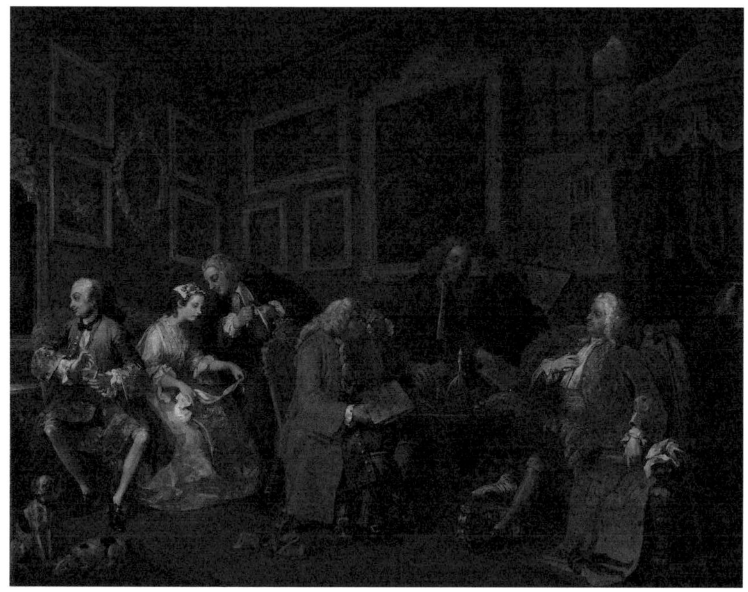

*Mariage-à-la-mode. Le Contrat de mariage*, 1743, huile sur toile, 69,9 x 90,8 cm, Londres, The National Gallery.

Également apparentés aux scènes de conversation mais dans un registre plus grinçant, les sujets moraux assurent à William Hogarth, dès les années 1730, sa renommée d'artiste satirique. *Mariage-à-la-mode* est une série de six toiles relatant les déboires d'un mariage de convenance entre le fils d'un aristocrate ruiné et la fille d'un riche bourgeois ambitieux. L'artiste montre, avec humour et dérision, qu'une union qui repose sur l'échange de biens contre le statut social ne peut conduire qu'à l'échec. Les deux jeunes gens, qui ne ressentent ni affection ni respect l'un pour l'autre, s'engagent dans une vie creuse, partagée entre l'ennui, le mensonge et l'adultère. Et c'est à la manière d'une pièce de théâtre tragi-comique que cette mascarade se termine : meurtre du mari trompé, exécution de l'amant et suicide de l'épouse infidèle.

La première scène du cycle scelle l'union des deux familles par la signature du contrat de mariage. Au premier plan, les patriarches discutent des modalités du contrat. Ventripotent et souffrant de la goutte – deux symboles d'excès –, l'aristocrate déplie avec fierté l'arbre généalogique de ses nobles ancêtres tandis que le bourgeois étale sans état d'âme une généreuse somme d'argent. À l'arrière, les futurs époux sont assis dans un sofa, habillés à la mode française, dans une attitude parodiant les tableaux de mode de Jean-François de Troy. Trop occupé à se mirer dans la glace, le fiancé, narcissique et efféminé, ne prête aucune attention à sa future épouse. Consolée par le notaire, celle-ci semble résignée à son triste sort, comme le présage l'effrayante tête de Méduse qui la surplombe. À travers un fait de société banal, Hogarth critique violemment les modes importées de l'étranger, de la France en l'occurrence. Dans chacune des six scènes, il glisse plusieurs références à l'art et au style de vie français, nourrissant ainsi sa francophobie légendaire.

# DAVID GARRICK DANS LE RÔLE DE RICHARD III

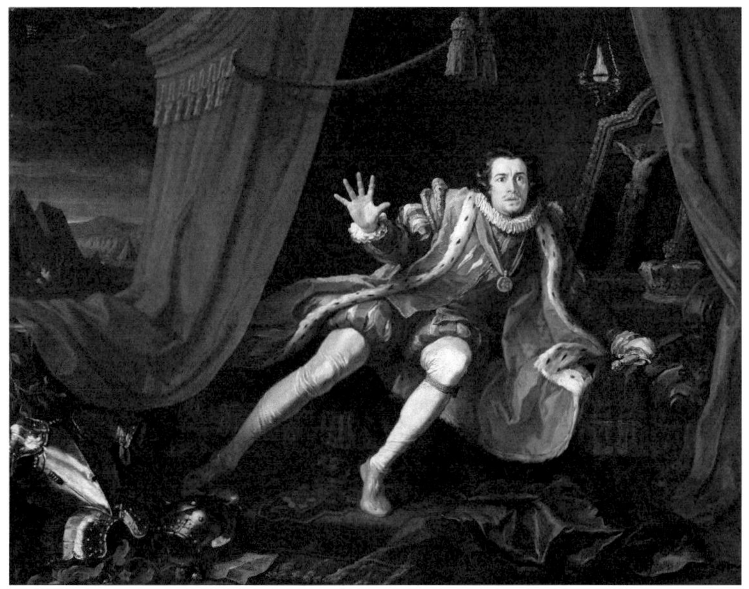

*David Garrick dans le rôle de Richard III*, 1745, huile sur toile, 190,5 x 250,8 cm, Liverpool, Walker Art Gallery.

Trésor de la Walker Art Gallery, ce tableau peint par William Hogarth en 1745 fait figure d'exception dans son œuvre et dans l'histoire de l'art anglais. Il s'agit de l'une des trois uniques toiles consacrées par l'artiste au théâtre et de l'une des toutes premières peintures anglaises représentant un acteur dans un rôle shakespearien. Le plus grand comédien anglais du XVIIIe siècle, David Garrick, est ici représenté dans le rôle qui l'a fait connaître, celui de Richard III, dans l'adaptation de 1741 de la pièce éponyme de William Shakespeare par Colley Cibber (1671-1757). La scène représentée se déroule dans la tente de Richard III après la bataille de Bosworth, alors que le roi tyrannique vient de se réveiller d'un terrible cauchemar et est encore hanté par les fantômes de ses nombreuses victimes. La composition est fermée de part et d'autre par l'épais tissu rouge de la tente qui rappelle le rideau d'une salle de théâtre. Le peintre a recours à la ligne serpentine pour donner du mouvement au personnage, dont l'expression effrayée contraste avec la tranquillité du champ de bataille à l'arrière-plan.

Grâce à cette œuvre, Garrick devient une véritable icône populaire, la coqueluche du public londonien. Tout au long du XVIIIe siècle, c'est le portrait théâtral le plus gravé et le plus diffusé en Angleterre et à l'étranger. Mais en conférant à ce portrait de scène les dimensions prestigieuses d'un grand tableau d'histoire, Hogarth ne fait pas seulement de l'acteur un immense tragédien, il inaugure aussi la tradition de la peinture shakespearienne de grand format, qui connaîtra son apogée à la fin du siècle avec des artistes tels que George Romney (1734-1802), Benjamin West (1738-1820), Henry Fuseli (1741-1825) ou James Northcote (1746-1831). Le peintre signe donc, sans le savoir, le manifeste d'une peinture d'histoire proprement anglaise qui sera la rivale du grand genre français.

# LA PORTE DE CALAIS OU Ô LE BŒUF RÔTI DE BONNE VIEILLE ANGLETERRE

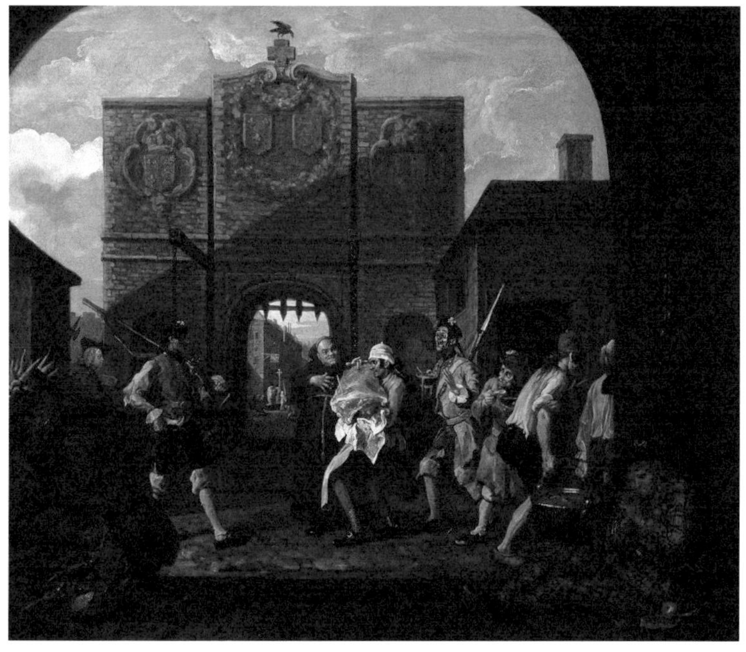

La Porte de Calais, 1748, huile sur toile, 80 x 96 cm, Londres, Tate Britain.

En juillet 1748, Hogarth, profitant de l'armistice conclu entre la France et la Grande-Bretagne, séjourne quelques semaines sur les terres françaises. Alors qu'il croque tranquillement les fortifications de Calais sur son carnet de dessins, il est arrêté pour espionnage par la police française. De retour à Londres, il peint cette toile comique dont le titre est particulièrement éloquent : *La Porte de Calais ou Ô le Bœuf rôti de bonne vieille Angleterre* (*The Gate of Calais or O, the Roast Beef of Old England*). Le sous-titre fait référence à une chanson patriotique composée en 1731 par Henry Fielding pour une pièce de théâtre dans laquelle il se moque des coutumes françaises importées en Angleterre.

Ce tableau satirique est l'exemple même de l'aversion que nourrit l'artiste envers les Français, un peuple qu'il juge pauvre, insolent et barbare, autant corrompu qu'instrumentalisé par l'État et l'Église. L'absolutisme du pouvoir français, qui entrave la liberté individuelle, est matérialisé par la porte de Calais, sorte de colosse aux dents de fer. Mais Hogarth tourne également en dérision la religion catholique – comme en témoignent les trois sœurs au premier plan à gauche qui vénèrent une raie au visage semblable aux leurs – et pointe du doigt son autorité sur le peuple. Aussi un moine bedonnant richement paré, ignorant visiblement son vœu de pauvreté, convoite-t-il une généreuse pièce de viande, tandis que les soldats affamés sont réduits à manger de la soupe maigre – plat représentatif de la gastronomie française pour l'artiste. Quant à l'homme qui porte le morceau de bœuf rôti importé d'Angleterre, il s'agit d'un boucher anglais venu nourrir ses compatriotes dans l'auberge anglaise du *Lion d'argent*. Élément central du tableau, le roast-beef symbolise la liberté, la santé et la prospérité de la nation britannique. Au premier plan, à droite, tapi dans l'ombre, un jacobite rappelle l'alliance franco-écossaise. Rallié à la mauvaise cause, il est condamné à manger du pain rassis et un vieil oignon. Enfin, pour parachever cet épisode cocasse, Hogarth s'est représenté au fond à gauche, en train de dessiner, juste avant son arrestation. Comme le dit le célèbre proverbe, la vengeance est un plat qui se mange froid.

# BEER STREET ET GIN LANE

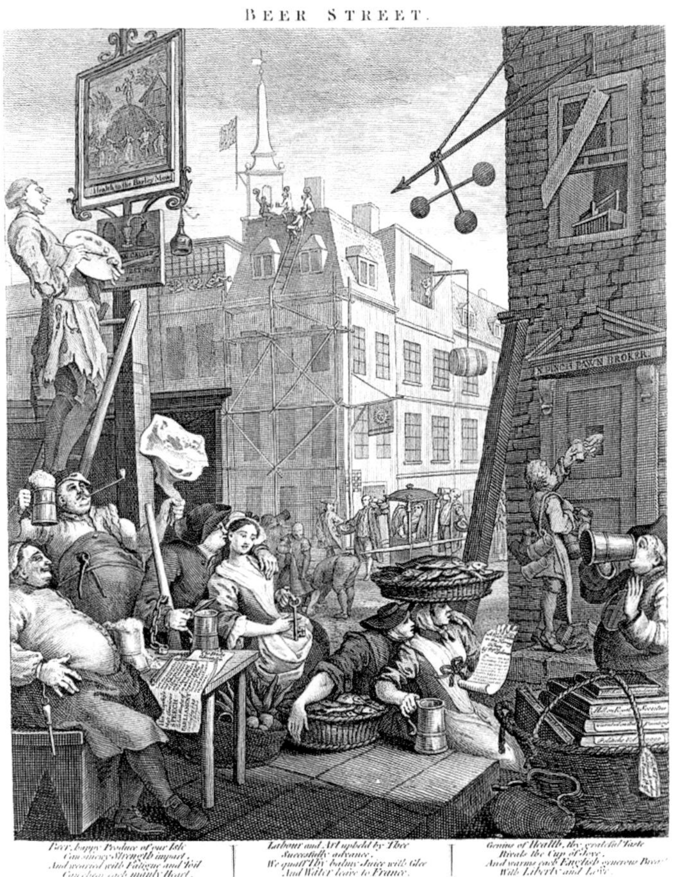


Beer Street, 1751, gravure, 38,3 x 32,5 cm, Londres, British Museum.

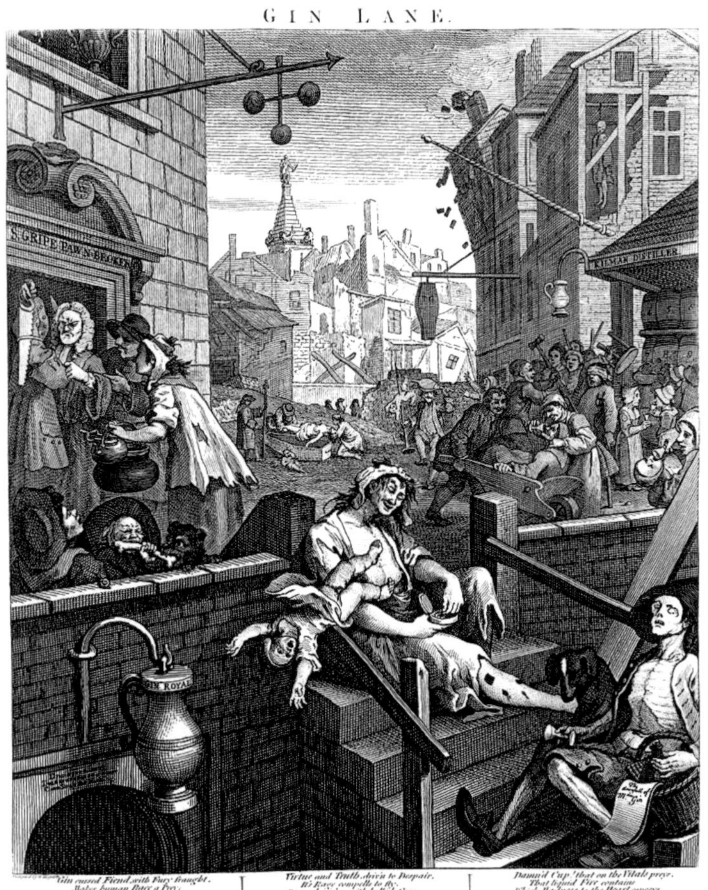


*Gin Lane*, 1751, gravure, 38,3 x 32,5 cm, Londres, British Museum.

Publiées pour protester contre la consommation de gin dans les rues de Londres, les gravures de *Beer Street* (*La Rue de la bière*) et *Gin Lane* (*La Ruelle du gin*) se font pendant. On y observe la même rue, dans le quartier populaire de St Giles, à travers deux situations diamétralement opposées : la première exalte les bienfaits de la bière, tandis que la seconde met en garde contre les dangers du gin. Fidèle à son esprit contestataire, Hogarth prend part à la « bataille du gin » en soutenant, avec ces deux gravures, une campagne lancée par son ami Henry Fielding, alors magistrat de Westminster. L'opération est une réussite, puisqu'une loi est votée en 1751, interdisant la vente de gin (Gin Act) dans les commerces de détail. Sans chercher à édulcorer son sujet, Hogarth condamne ici sévèrement l'addiction aux alcools forts dans une critique acerbe de la société, destinée à provoquer un électrochoc sur la population. *Gin Lane* devient un instrument de propagande contre l'alcool pour plus d'un siècle.

Dans une ambiance festive et bon enfant, *Beer Street* célèbre les vertus de la boisson nationale. La bière inspire les artistes et rafraîchit les travailleurs. On peut la consommer en toute sécurité sur les toits de la ville. Le peuple est heureux et en parfaite santé. Au contraire, c'est dans une atmosphère de décadence que les Londoniens boivent le spiritueux venu de l'étranger, le gin, clairement associé au vice, à la violence et à la mort, comme le montre la mère alcoolisée à demi nue responsable de la chute de son très jeune enfant. Derrière elle, tout n'est que désordre et anarchie. Absurdité, inconscience et comportements déviants constituent les principaux éléments de ce spectacle désinhibé qui fait le bonheur des marchands peu scrupuleux. Énième victime de ce mal du siècle, le chanteur squelettique du premier plan a revêtu le visage émacié de la mort. L'artiste s'est inspiré de *La Cuisine grasse* et de *La Cuisine maigre*, deux compositions à vocation moralisatrice de Pieter Bruegel l'Ancien gravées en 1563.

## LA CRISE DU GIN

Le mot *gin* est une anglicisation du mot *genever*, une eau-de-vie hollandaise réalisée à partir des baies de genièvre, découverte aux Pays-Bas et ramenée en Angleterre par les soldats anglais au XVIIe siècle. De la fin du XVIIe siècle au milieu du XVIIIe, la consommation de gin par les couches sociales les plus pauvres a des conséquences désastreuses : chute de la natalité, et augmentation de la pauvreté et de la mortalité infantile, ce qui entraîne une baisse démographique localisée. Malgré quelques tentatives pour enrayer ce qu'on appellera plus tard la crise du gin, seule la signature du Gin Act en 1751 parvient à mettre fin à ce qui fut, pendant plus d'un demi-siècle, le fléau silencieux de Londres.

# WILLIAM HOGARTH, UNE SOURCE D'INSPIRATION

Peintre incompris, William Hogarth est principalement reconnu de son vivant pour son œuvre de graveur. À la fin du XVIIIᵉ siècle, les collectionneurs s'arrachent ses estampes satiriques, créant une véritable « hogarthomania ». La diffusion de ses gravures outre-Manche influence directement l'estampe et l'illustration de livres, notamment en Allemagne (Daniel Chodowiecki, 1726-1801). La seconde moitié du XVIIIᵉ siècle voit par ailleurs apparaître en Angleterre toute une génération de caricaturistes héritiers de l'art d'Hogarth tels que John Collier (1708-1786), Isaac Cruikshank (1756-1811) et son fils George Cruikshank (1792-1878), Thomas Rowlandson (1756-1827) et, le plus célèbre d'entre eux, John Gillray (1757-1815). Avec un humour caustique et un réalisme sans concession, ils critiquent leur société dans la pure tradition hogarthienne.

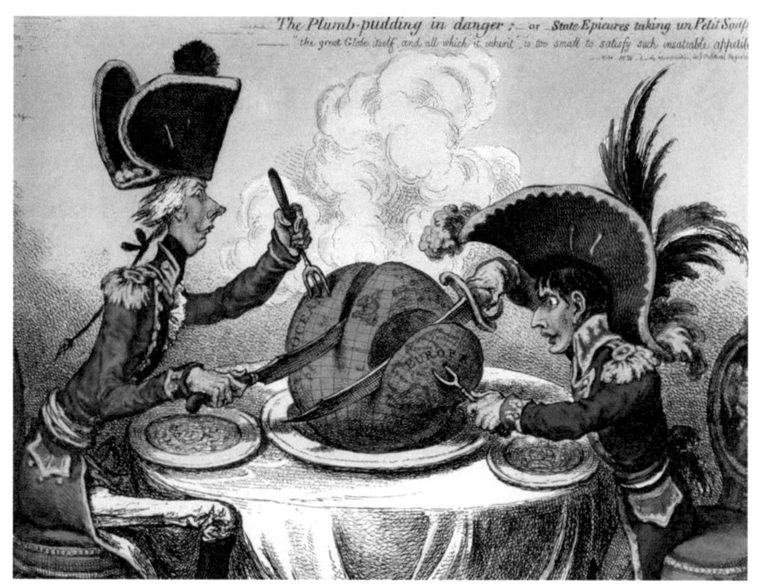


GILLRAY (John), *Le Plumb-Pudding en danger ou les épicuriens d'État partageant un petit souper*, 1805, gravure, 26 x 36 cm, Londres, National Portrait Gallery.

Dans cette caricature réalisée en février 1805, John Gillray invente une entrevue imaginaire entre le Premier ministre anglais, William Pitt (1759-1806), et Napoléon Bonaparte (1769-1821), tout juste sacré empereur. L'épisode fait référence à la tentative de Napoléon Ier de rapprocher la France et l'Angleterre en janvier 1805. Au cours d'un repas officiel, les diplomates se partagent un pudding en forme de mappemonde. Tandis que William Pitt assoit tranquillement son pouvoir sur la mer, l'empereur français s'empare frénétiquement de la terre, s'accaparant la quasi-totalité de l'Europe. Dans un esprit satirique digne de son prédécesseur, Gillray se moque de l'ambition des deux dirigeants, comme le suggère l'amusante note qui accompagne l'illustration : « Le globe entier, et tout ce qui le compose, est trop petit pour satisfaire de si grands appétits. »

Si les tableaux d'histoire de William Hogarth ne semblent pas avoir retenu l'attention de ses contemporains, on lui reconnaît aujourd'hui un indéniable talent de coloriste, notamment dans certains de ses portraits, vifs et spontanés, qui inaugurent l'âge d'or du portrait anglais représenté par Sir Joshua Reynolds et Thomas Gainsborough. Mais l'art d'Hogarth est à prendre comme un tout et son principal apport – et non des moindres – est de s'être affranchi du diktat esthétique imposé par le continent pour donner une véritable identité à la peinture de son pays. L'observation directe de la nature et la portée morale qu'il a su insuffler à ses œuvres constituent un socle solide pour plusieurs générations d'artistes. Hogarth laisse une empreinte indélébile sur tous les grands maîtres de la peinture anglaise des XVIIIe et XIXe siècles, qu'ils soient portraitistes, paysagistes ou peintres d'histoire, et continue d'exercer encore aujourd'hui son autorité sur les artistes contemporains anglais (David Hockney, né en 1937, ou Yinka Shonibare, né en 1962).

Entre autres exemples, William Powell Frith (1819-1909), profondément marqué par l'artiste, réalise, au milieu du XIXe siècle, deux séries morales sur fond de satire sociale modelées sur celles d'Hogarth : *La Route vers la ruine* (1878) et *La Course vers la fortune* (1880). À la fin des années quarante, Igor Stravinsky (1882-1971) s'inspire quant à lui de *La Carrière d'un libertin* (*The Rake's Progress*) pour son opéra éponyme librement inspiré du cycle d'Hogarth. Enfin, en 1961, l'artiste anglais David Hockney réinterprète lui aussi cette série dans une suite de 16 dessins publiée en 1965. Il crée également les costumes et les décors pour de nouvelles versions de l'opéra de Stravinsky en 1975 et en 2005.

# EN RÉSUMÉ

- William Hogarth est le plus célèbre artiste anglais de la première moitié du XVIII<sup>e</sup> siècle. Considéré comme le père de la peinture anglaise, il a marqué son époque par ses gravures satiriques et ses peintures de genre à thèmes moralisateurs.

- Hogarth est le défenseur d'un art national et l'initiateur de grandes innovations artistiques. Il lutte également toute sa vie pour protéger et faire évoluer le statut de sa profession. Entre autres, il crée sa propre école d'art, St Martin's Lane, l'ancêtre de la Royal Academy of Arts, organise les premières expositions d'artistes vivants en Angleterre et est à l'origine de la loi sur le copyright.

- Son traité esthétique, *L'Analyse de la beauté* (1753), constitue par ailleurs l'un des premiers essais théoriques anglais consacrés à l'art. Subversif, cet ouvrage est une véritable ode baroque anti-classique dirigée contre les conventions académiques et l'invasion artistique étrangère. L'artiste y exprime ses idées sur la beauté, qui naît de la variété, et y prône la suprématie de la ligne serpentine, la seule apte à rendre le mouvement.

- Parmi ses œuvres les plus connues figurent *Les Enfants Graham*, les séries morales *La Carrière d'une prostituée*, *La Carrière d'un libertin*, *Mariage-à-la-mode* et *Campagne électorale*, *David Garrick dans le rôle de Richard III*, *La Porte de Calais*, et enfin les gravures *Beer Street* et *Gin Lane*.

- Du milieu du XVIII<sup>e</sup> siècle à nos jours, Hogarth a inspiré quantité d'artistes anglais (Sir Joshua Reynolds, William Turner, John Everett Millais, James Gillray, David Hockney, etc.).

# POUR ALLER PLUS LOIN

## SOURCES BIBLIOGRAPHIQUES


* BAUDINO (Isabelle) « Dérision de l'étranger et exaltation du britannique dans l'œuvre de William Hogarth (1697-1764) », in *Revue LISA 1*, 2003, p. 85-99.
* CARRÉ (Jacques) et JOBERT (Barthélémy), « Anglais (Art et culture) – Peinture », in *Encyclopædia Universalis*, consulté le 30/06/2015. http://www.universalis.fr/encyclopedie/anglais-art-et-culture-peinture/
* « Hogarth », in *Tate Gallery*, consulté le 30/06/2015. http://www.tate.org.uk/whats-on/tate-britain/exhibition/hogarth
* *Hogarth and his Times*, catalogue d'exposition (Londres, British Museum, 26 septembre 1997-4 janvier 1998), Cambridge, University Press, 1997.
* HOGARTH (William), *Anecdotes of William Hogarth Written by Himself*, Londres, J.B. Nichols and son, 1833.
* JOBERT (Barthélémy), « *L'Analyse de la beauté*, livre de William Hogarth », in *Encyclopædia Universalis*, consulté le 30/06/2015. http://www.universalis.fr/encyclopedie/l-analyse-de-la-beaute/
* JÖRG (Ebeling), « La conception de l'amour galant dans les tableaux de mode de la première moitié du XVIIIᵉ siècle : l'amour comme devoir mondain », in *Littératures classiques*, 2/2009 (nᵒ 69), p. 227-244.
* PAULSON (Ronald), *Hogarth*, 3 volumes, Cambridge, Lutterworth Press, 1992.
* *William Hogarth (1697-1764)*, catalogue d'exposition (Paris, Louvre, 20 octobre 2006-8 janvier 2007), Paris, Éditions du musée du Louvre/Hazan, 2006.

# SOURCES ICONOGRAPHIQUES


- GILLRAY (John), *Le Plumb-Pudding en danger ou les épicuriens d'État partageant un petit souper*, 1805, gravure, 26 x 36 cm, Londres, National Portrait Gallery. La photo reproduite est réputée libre de droits.
- HOGARTH (William), *Beer Street*, 1751, gravure, 38,3 x 32,5 cm, Londres, British Museum. La photo reproduite est réputée libre de droits.
- HOGARTH (William), *David Garrick dans le rôle de Richard III*, 1745, huile sur toile, 190,5 x 250,8 cm, Liverpool, Walker Art Gallery. La photo reproduite est réputée libre de droits.
- HOGARTH (William), *Gin Lane*, 1751, gravure, 38,3 x 32,5 cm, Londres, British Museum. La photo reproduite est réputée libre de droits.
- HOGARTH (William), *La Porte de Calais*, 1748, huile sur toile, 80 x 96 cm, Londres, Tate Britain. La photo reproduite est réputée libre de droits.
- HOGARTH (William), *Le Peintre et son chien*, 1745, huile sur toile, 90 x 69,9 cm, Londres, Tate Gallery. La photo reproduite est réputée libre de droits.
- HOGARTH (William), *Les Enfants Graham*, 1742, huile sur toile, 160,5 x 181 cm, Londres, The National Gallery. La photo reproduite est réputée libre de droits.
- HOGARTH (William), *L'Opéra du Gueux*, 1729, huile sur toile, 56 x 72,5 cm, Londres, Tate Gallery. La photo reproduite est réputée libre de droits.
- HOGARTH (William), *Mariage-à-la-mode. Le Contrat de mariage*, 1743, huile sur toile, 69,9 x 90,8 cm, Londres, The National Gallery. La photo reproduite est réputée libre de droits.

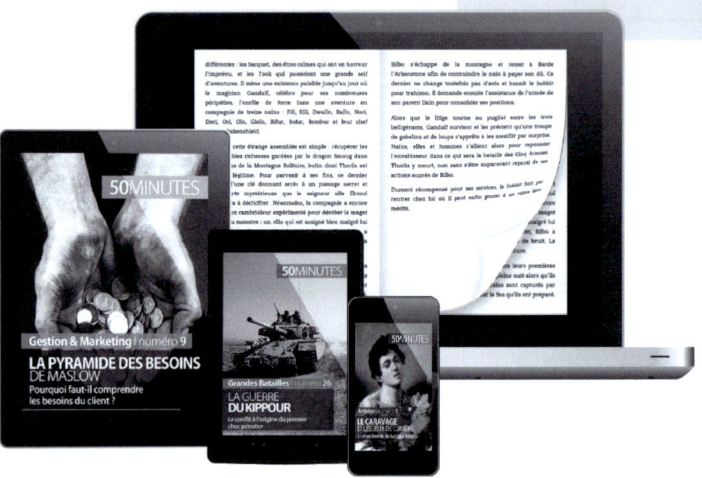

www.50minutes.com

Éditeur responsable : Lemaitre Publishing
Rue Lemaitre 6 | BE-5000 Namur
info@lemaitre-editions.com

ISBN ebook : 978-2-8062-6183-0
ISBN papier : 978-2-8062-6184-7
Dépôt légal : D/2015/12603/23
Photo de couverture : © *Le Peintre et son chien* (1745),
par William Hogarth.

Conception numérique : Primento,
le partenaire numérique des éditeurs